U0510067

老舍
纪念馆

Laoshe Memorial Hall

SERIES

带你走进博物馆

老舍纪念馆 编著
王红英　郝亚钟

文物出版社

目　录　Contents

赠　言

　　未成年人将要承担中华民族伟大复兴的重任。关心未成年人的健康成长，关心他们的思想道德的建设是我们每个人的责任，各类博物馆不仅是展示我国和世界优秀历史文化的场所，也是未成年人学习知识、培养情操的第二课堂。

　　让这套丛书带你走进博物馆，让博物馆伴随你成长。

国家文物局局长　单霁翔

2004 年 12 月 9 日

馆 长 寄 语

　　老舍纪念馆不大，就建在老舍故居里，特色蛮鲜明，内涵很丰富。这里是老舍最后住了十六年的地儿，是一处极普通的北京四合小院。这是老舍先生1950年应周恩来总理邀请，从美国回国后，用自己的稿费换成一百匹白布购买的。当时是东城迺兹府丰盛胡同10号，后改为灯市口西街丰富胡同19号，紧临有"天下第一街"之称的王府井。

　　要讲老舍住过的地儿，北京就有十处。济南、青岛、重庆有，英国、美国也有。重庆北碚的老舍故居还建起了老舍纪念馆，英国的圣詹姆斯广场19号"老舍旧居"，还作为文化遗产挂牌保护。北京老舍纪念馆所在地这处，老舍住的时间最长，保护得最好、最完整。1984年5月，北京市人民政府把"老舍故居"公布为市文物保护单位；1997年7月，老舍夫人胡絜青携子女将"故居"及部分藏品捐献给了国家；1999年老舍诞辰100周年时，经国务院批准，建成老舍纪念馆并正式对社会开放。

　　老舍喜欢这个幽静的小院，院子不大，方方正正，规矩；地处闹市，闹中取静，雅致。故居坐北朝南，黑漆大门朝东，进门首先看到砖砌影壁，右转往前又有一个木质五彩影壁映入眼帘，再往前就是小院的主体。北房三间，左边是老舍先生写作的地方兼卧室，写作是在西耳房就在这间小屋子里，老舍创作完成了《方珍珠》、《龙须沟》、《茶馆》、《西望长安》、《全家福》等24部戏剧，两部小说和大量的曲艺作品以及散文、杂文、诗歌，成为一位社会主义戏剧艺术的语言大师，受人尊重的人民艺术家。

老舍纪念馆收藏老舍文物最全、最丰富，如各种不同版本的老舍作品，他生前的收藏品，更值得一提的是老舍先生在这个小院的生活和举动，老舍式的，富有个性，譬如：邀客送礼，赏菊进餐，养花养猫，丹柿小院的诗情画意，完全是老舍文化的一部分。老舍等身的著作，贴近百姓，贴近生活，篇篇字字真实亲切，像一部百科全书，感染和鼓舞着人们。

　　是的，老舍纪念馆开放以来，来自海内外的观众不断。人们喜欢这个故居小院，更喜欢与百姓同呼吸、共命运的老舍，尤其是那些老年观众留下的感人肺腑的话语，令人难忘。文学泰斗巴金有段话更是说出了人们的心声：

　　　　老舍同志是中国知识分子最好的典型。

　　　　我想起他那句"遗言"：

　　　　"我爱咱们的国呀，可是谁爱我呢？"

　　　　我会紧紧捏住他的手，对他说：

　　　　"我们都爱你，没有人会忘记你，

　　　　你要在中国人民中间永远的活下去！"

是的，老舍永远活在我们的心中！来吧，来老舍纪念馆，观看展览，感受小院的幽静，并请留下您心中真实的感言。

老舍纪念馆馆长　张文生

2006 年 9 月 18 日于老舍故居

寻找记忆中的北京

老舍纪念馆

带你走进博物馆

老舍，这是一个让人亲切和感动的名字。从那只在纸上踩印梅花印的可爱的猫，到济南冬天里迷人的风景，老舍的文章伴随着我们长大；从《骆驼祥子》、《四世同堂》，到《龙须沟》、《茶馆》，老舍为我们记录下了中国近现代史的变迁；从琅琅上口的北京话，到小羊圈胡同、积水潭、护国寺这些熟悉的地名，老舍把记忆中的北京整个儿地呈现在了我们的眼前。老舍让我们记住了这一切，我们也记住了老舍。

当我们想从记忆中撷取这些美好的往事时，总会感叹物是人非。繁华的街道、耀眼的灯光和高耸的摩天大厦，永远都无法取代我们心中那些沉甸甸的回忆。现代都市生活，使我们一天天远离了胡同与四合院，也让我们更多了一份眷恋。老舍，用他的笔帮我们留住了记忆中的北京，又用他不屈的人格一次又一次唤醒我们的记忆。

穿过喧哗熙攘的王府井，来到狭长宁静的丰富胡同，一踏进老舍纪念馆，置身于这熟悉而亲切的四合院，我们的记忆就慢慢地清晰了起来。五彩木影壁，茂盛的柿子树，盛满水的大缸和缸中嬉戏的金鱼，还有房檐下慵懒的小猫，老北京四合院生动的景象一下子跃然眼前，这就是老舍的故居，就是老舍生活与创作的地方。敞开的大门迎接着四方来客，老舍好客的习惯至今还保留在这里。

1950年，老舍从美国归国后不久就购买了这个普通的小院。他生在贫困的家庭，喜欢和普通劳动人民打交道，也喜欢住在这普通的小院中。他在这里居住了十六年，在这里写下了许多著名的作品。陈设简朴的客厅和书房还保持着当年的样子，展厅里的文物、书籍和图片向我们展示着一位人民艺术家生活与创作的经历。1984年5月，老舍故居被北京市人民政府列为市级文物保护单位。1999 年 2 月老舍诞辰 100 周年之际，经国务院批准，老舍纪念馆在老舍故居的基础上建成并对外开放。几年来，纪念馆不断搜集整理老舍的遗物和资料，收藏了许多老舍生前使用过的物品和他珍藏的字画，以及各个时期和各个国家不同版本的老舍作品。

在这里，我们回想起了记忆中的北京；在这里，我们感受到了一位伟大作家的人格魅力和精神力量；在这里，我们也受到了思想和灵魂的洗礼。

1966 年 8 月 24 日早晨，老舍离开了这个小院，也永远地离开了我们。老舍走了，他的精神和作品却永远留在了我们的心中，像他的故居一样，永远为我们记忆着北京、记忆着历史。

带你走进博物馆

图1、老舍纪念馆正门

人民艺术家的一生

老舍是享誉中外的著名作家，也是人们爱戴的人民艺术家。他的一生是怎样度过的呢？老舍生平展厅，将向我们介绍人民艺术家的一生，把我们带入老舍的世界。

图2、50年代末于北京

小羊圈胡同

小羊圈胡同是一条普普通通的小胡同，它地处北京市新街口南大街，现在的名字是小杨家胡同。和北京其他的胡同相比，它陈旧无奇。但它并不是一条平凡的胡同，长篇名著《四世同堂》中的主人公们就生活在这里，它的作者老舍先生也诞生在这里。

1899年2月3日，老舍诞生在小羊圈胡同5号院（现小杨家胡同8号院）的一个贫困的满族人家，因为出生第二天就是立春，所以家人为他取名舒庆春。老舍的父亲是清朝末年守卫皇城的护军，他出生的第二年，父亲就在抵抗八国联军的战斗中牺牲了。幼年的老舍是在贫困中长大的，一家人靠母亲为人浆洗缝补勉强维持生计，生活十分拮据。全家人每日只能吃两顿饭，夏天佐饭的

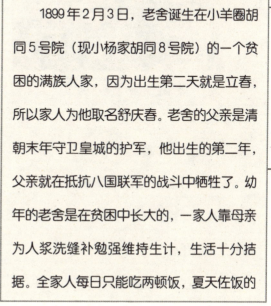

带你走进博物馆

图3、小杨家胡同

图4、小杨家胡同8号院

"菜"往往也就是盐拌小葱，冬天也只是腌白菜帮子补点辣椒油。每到夏天夜里遇到暴雨时，一家人就要坐到天明，以免屋顶忽然塌下来，同归于尽。

老舍把小羊圈胡同比喻成一个葫芦，葫芦胸是个圆圈，周围住着六七户人家。这里住的都是穷苦人家，老舍从小生活在这里，同穷苦人打交道，也深知下层人民生活的艰辛。老舍熟悉城市贫民的生活，对拉洋车的、耍把式卖艺的、做小买卖的、妓女、巡警、小职员以及大杂院里的女人、孩子和老人们的生活状况都非常了解，这些为他的创作提供了丰富的素材。老舍同情他们，描写他们，希望能用感人至深的作品来唤起他们对命运的抗争，希望有朝一日他们都能过上幸福的生活。

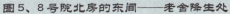

图5、8号院北房的东间——老舍降生处

带你走进博物馆

宗月大师

老舍幼年时，因为家贫而不能入学。有一天，远房亲戚刘大叔偶然来到了他家，得知老舍还没能入学，便决定第二天就带老舍去上学，他来负责学钱、书籍。老舍听到后，心跳起老高，激动万分，因为他还不知道上学到底是怎么一回事！老舍曾风趣地说，第二天自己像条不体面的小狗一样跟在刘大叔的身后来到了离家不远的一座道士庙里的私塾，拜过了圣人和老师，就成了学生。做了学生后，老舍便有机会时常到刘大叔家。刘大叔家里很阔绰，但并不因富有而冷淡老舍这个苦孩子。在老舍由私塾转入公立学校的时候，刘大叔又来帮忙。老舍和刘大叔一家结下了很深的感情，他也从刘大叔身上学到了许多做人的道理。

刘大叔是个极富有的人，但他心中并无贫富之别。他卖掉自己的财产去办贫儿学校、粥厂和其他慈善事业。他的心中装着别人，而忘了自己。以至后来儿子死后，他便将仅有

图6、宗月大师

的财产也出了手，自己入庙为僧，夫人与女儿也入庵为尼。出家后不久，他就做了一座大寺的方丈。因为他不惜变卖庙产去救济穷苦人，没多久便被驱除出来了。他到了一座没有任何产业的庙里做方丈，仍旧筹钱举办粥厂等慈善事业。有一天，他在给一位圆寂了的和尚念经超度时，忽然闭上眼睛坐化了。火葬后，人们在他身上发现了许多舍利。

他就是宗月大师，一位对老舍一生有着深远影响的人。老舍在《宗月大师》一文中这样写道："没有他，我也许一辈子也不会入学读书。没有他，我也许永远想不起帮助别人有什么乐趣与意义。他是不是真的成了佛？我不知道。但是，我的确相信他的居心与言行是与佛相近似的。我在精神上物质上都受过他的好处，现在我的确愿意他真的成了佛，并且盼望他以佛心引领我向善，正像在三十五年前，他拉着我去入私塾那样！"

小型的复活

1918年夏天，老舍从北京师范学校毕业后，被任命为"京师公立第十七高等小学校兼国民学校"（今北京东城区方家胡同小学）校长。1920年，老舍又被提升为京师郊外北区劝学员，负责辖区内改造私塾、筹建国民学校等发展初等教育的工作。

在这几年间，由于工作清闲待遇优厚，老舍和其他年轻人一样，每当发了薪水时就要掏出些钱来找点快乐。于是，他开始看戏、逛公园，因为看戏有了瘾，所以还和友人一起学几句，赶到酒酣之时也要唱几嗓子。看戏之外，喝酒、抽烟也是不能少的。朋友们凑在一起，酒量虽不算大，却一定要喝尽兴。也学会了打牌，尽管回回一败涂地，只要有人招呼，还是会坐下玩儿，一打便是一个通

带你走进博物馆

宵。一来二去，身体逐渐地瘦弱下来了。后来，因为反对母亲为他定的婚事，老舍着了很大的急，"既要非作个新人物不可，又恐太伤了母亲的心，左右为难，心就绕成了一个小疙瘩"（《小型的复活》）。最后，婚约废除了，老舍却得了一场重病。

经过一段时间的治病休养，方才痊愈。老舍开始检讨自己。他认为"清闲而报酬优的事情只能毁了自己"，必须戒除掉那些不良的嗜好，于是就辞去了工作，找地方去教书。教书使老舍感到快活，他又摸到了书本，一天到晚接触的都是可爱的学生，不用再应付官场上的事，心思全部放在钻研课程和学问上。除了烟，他把别的嗜好全自自然然地放下了，生活有了规律，心情也平静了许多——老舍似乎又找到了自己的新生。

老舍把这次的经历当成自己人生中的一关，他庆幸自己能够闯过这一关，于是就把这次经历比喻为——"小型的复活"。正是这"小型的复活"，使老舍对人生有了新的认识，从此走上了一条不同寻常的人生道路。

委任令第九號 九月三十日

茲調派京師公立第十七高等小學校校長舒慶春充郊外北區勸學員此令

國民學校

图7、劝学员委任令

雾都启航

通过朋友介绍，老舍接到了英国伦敦大学东方学院邀请担任华语讲师的聘书。历经数日的颠簸劳累，1924年夏天，老舍踏上了

图 8、1926 年于伦敦寓所

英国的土地。遥远的伦敦对生长在北京的老舍来说是陌生的，英国人的性格、生活习惯以及英国的气候和自然环境，同老舍熟悉并热爱的北京截然不同。在英国任教的五年间，老舍逐渐地认识了伦敦，认识了英国，也认识了西方文化。

老舍对英国人的认识是从他的几位房东开始的。老舍最开始的房东是两位老姑娘。她们是姐妹俩，大的有点傻气，身体又不好，需要妹妹来照顾；小的操持家务，还要照料姐姐，很是辛苦。她们的父亲死后留给姐妹俩一人一套小房子，她们便卖掉一处，把钱存入银行生利息，另一处自己住，还把多余的屋子出租来增加收入。她们有一个哥哥，但从不来往，只是到过节的时候才互送一点小礼物。老舍由她们身上看到了英国人独立的精神。老舍第二次租房，是同英国学者艾支顿夫妇合租的，房钱由老舍出，他们夫妇

带你走进博物馆

带你走进博物馆

图9、东方学院图书馆

供给饭食。艾支顿先生当过兵，教过书，懂得好几种外语，不过夫妇二人的生活却十分拮据。老舍与艾支顿先生彼此成了朋友，老舍教他汉语，他教老舍英语，老舍还帮他翻译了中国古典文学名著《金瓶梅》。在与艾支顿夫妇合住三年后，老舍住了半年的公寓，因为不方便就又租了房。这次的房东是一对老夫妇，还带着个女儿。老头儿叫达尔曼，是一个地道的英国小市民，他只认为英国人是世界上最好的人，每天的消息来源就是《晨报》，而且他觉得《晨报》所说的都是对的。达尔曼太太是个女性的达尔曼，她每天料理家务没时间看报，所有的知识就来源于达尔曼先生念的几段报纸。姑娘没事作，只喜欢看报纸上的广告和一些流行小说，想尽一切办法来挣些钱。老舍从他们身上了解了英国人的性格习惯，也了解了英国的社会面貌，更感受到了东西方巨大的文化差异，这对老舍早期的创作都产生了较大的影响。

老舍在东方学院负责讲授汉语。由于学生比较零散，而且要学习的内容各不相同，有老人要学习汉字的，有年轻学生要学中国文学的，也有军官为了到中国专门学中文的，更有银行的练习生为了混资格而来敷衍一门外语的，所以教授的功课非常复杂，有时成班上课，有时却一人一班，非常有趣。在教学的过程中，老舍为灵格风语言中心编写了汉语教材《言语声片》，汉字由老舍亲笔书写，声片由老舍朗读录音。这套教材成为了国外最早的一套系统汉语教材。

除了教书，老舍最常做的事情就是读书。东方学院的图书馆是老舍最常呆的地方，这里靠着街，正对着图书馆还有一小块空地，有些花木，像个小花园，读书之余可以在这里休息一下。老舍就是在这里阅读了大量的西方文学名著，并且走上了创作的道路。从第一部长篇小说《老张的哲学》开始，一个伟大作家的生涯就在雾都伦敦启航了。

图10、《言语声片》

带你走进博物馆

济南的秋与冬

"上帝把夏天的艺术赐给瑞士，把春天的赐给西湖，秋和冬的全赐给了济南。秋和冬是不好分开的，秋睡熟了一点便是冬，上帝不愿意把它忽然唤醒，所以作个整人情，连秋带冬全给了济南。"（《一些印象》）济南的秋天与冬天在老舍的笔下是充满诗意的，这座美丽的城市给了老舍许多创作灵感。

1930年老舍回到了北平，7月应聘到济南齐鲁大学任教。寒假时，老舍经朋友介绍与胡絜青相识，之后两人书信往来逐渐建立起了感情。1931年暑假时，老舍与胡絜青在北平结婚。暑假后，夫妇二人定居在了济南。老舍从小生活在贫困的家庭中，工作后又到处漂泊，能够建立自己稳定的家庭一直是他的梦想。初到济南的老舍虽然对这个陌生的城市有诸多不习惯之处，但是随着婚后的稳定生活，老舍逐渐喜欢上了这座城市。虽然工作、家庭、写作使老舍格外忙碌，但稳定而美满的生活又使老舍能够有更大的热情投入到创作中。他平常以教书为主，写一些短篇的东西，等到放假的时候就会利用充足的假期来进行长篇创作。秋天意味着成熟，这一时期

图11、30年代的齐鲁大学校门

图 12、在济南的写作照

想北平

1934 年老舍举家迁至青岛，继续在青岛山东大学教书。在山东生活的几年，老舍远离了自己的故乡和母亲，他日夜思念着北平，在许多作品中描写和反映着记忆中的北平。

带你走进博物馆

的老舍也正处在创作的黄金时期，从优美的散文到幽默诗文，从短篇小说到长篇小说，老舍的许多著名作品都是在济南写下的。像我们所熟知的散文《济南的冬天》、《趵突泉》，还有短篇小说《微神》、长篇小说《猫城记》、《离婚》等，都是老舍的代表性作品。冬天孕育着新的生命，在老舍而言，济南也孕育了他新的生活和新的创作思想。济南的秋与冬之所以让老舍喜爱有加，除了美丽的景色，恐怕也更多地包含了他这种内心感受吧。

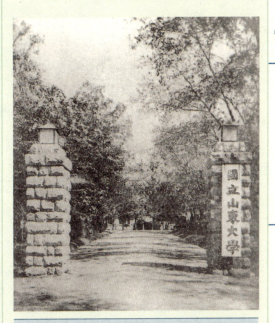

图 13、30 年代的山东大学校门

图 14、创作《骆驼祥子》时摄于青岛

刹海的蜻蜓一直到我梦里的玉泉山的塔影，都积凑到一块，每一小的事件中有个我，我的每一思念中有个北平，这只有说不出而已。"（《想北平》）

北平的人与事日夜牵动着老舍的心灵。当听到朋友讲述北平车夫的故事时，老舍开始构思一部新的作品。老舍的愿望是做一名职业作家，但因为生活所迫，他一直不能实现这个愿望。1936年夏天，老舍辞去了山东大学的教职，开始创作长篇小说《骆驼祥子》。这是老舍做了职业作家后写下的第一部作品。小说描写了北平人力车夫祥子的悲惨命运，真实丰满地刻画了北平社会底层的人物形象。《骆驼祥子》成了中国现代文学史上最著名的长篇小说之一。

"我所爱的北平不是枝枝节节的一些什么，而是整个儿与我的心灵相粘合的一段历史，一大块地方，多少风景名胜，从雨后什

八方风雨

　　"我是文艺界中的一名小卒，十几年来日日操练在书桌上与小凳之间，笔是枪，把热血洒在纸上。可以自傲的地方，只是我的勤苦；小卒心中没有大将的韬略，可是小卒该作的一切，我确是作到了。以前如是，现在如是，希望将来也如是。在我入墓的那一天，我愿有人赠给我一块短碑，刻上：文艺界尽责的小卒，睡在这里。"

　　这是老舍在加入"中华全国文艺界抗敌协会"的誓词中的一段话。

　　1937 年抗战爆发后，老舍前往武汉参加抗战，他在武汉结识了来自各地的文艺界友人，同大家一起商讨抗日救国大计。1938 年 3 月 27 日，"中华全国文艺界抗敌协会"（以下简称"文协"）在汉口成立。在 4 月 4 日召开的第一次理事会上，老舍、胡风、郁达夫等 15 人被推选为常务理事，老舍还被推

图 15、《入会誓词》

带你走进博物馆

选为总务组组长，对内主持日常工作，对外代表"文协"。从"文协"成立到抗战胜利，老舍连选连任，始终担任着总会的领导工作。抗战期间，老舍致力于抗战通俗文艺的创作，他用最通俗易懂的文艺形式宣传抗日，动员普通士兵、平民百姓一齐参加抗战。八年间，老舍先后到各地考察抗战文艺的宣传工作和"文协"及"文协"分会的活动情况，到许多地方进行讲学，宣传抗战，参加

赴抗战前线的慰问团，写下了一大批宣传抗战的优秀文艺作品。

老舍是一个恋家的人，面对民族的生死存亡，他却选择了只身一人前往大后方参加抗战。几年中，老舍辗转各地，他的心中时常挂念着远在北平的妻子儿女和年迈的母亲。可老舍和家人始终难以团聚，连母亲的死讯都是事隔一年以后才得知的。直到1943年底，全家人才得以在重庆北碚重新团聚。

日军侵略使国家和民族经历了巨大的磨难，也使老舍经历了八方风雨的洗礼。1945年抗战胜利后，老舍怀着激动的心情写下了长篇回忆文章《八方风雨》，记述了自己在八年中的生活与经历。

图16、抗战时期老舍在重庆北碚的故居

旅居美国

1946年，老舍应美国国务院的邀请赴美国讲学，直到1949年，老舍一直旅居在美国。在美国，老舍生活非常简朴，居住条件也十分简陋，屋里除了桌凳和床外就只剩下衣箱衣架了。他的活动也很简单，除了从事与创作有关的事情之外，就是和朋友一起去看戏剧，闲暇时还会打打麻将。当时美国已经成为了世界上最发达的国家，老舍在美国接触到了西方的文化和思想，对国外的文学和戏剧也有了深刻的理解，加上早年在英国任

图17、摄于美国

教的经历，使他能够在中西文化的对比中站得更高，看得更远。

在美国期间，老舍继续从事创作。此外，老舍还有

图18、艾达·浦爱德
(Ida Pruitt)

一个愿望，就是向国外介绍中国现代文学。《骆驼祥子》最早的英文译本就是在美国出版的，还成为了畅销书，轰动一时。由于老舍不满《骆驼祥子》译者对作品的改变，便开始亲自主持作品的翻译出版工作。老舍与艾达·浦爱德（Ida Pruitt）共同将《四世同堂》翻译成英文节译本《黄色风暴》(The Yellow Storm)，此外，《离婚》、《鼓书艺人》、《牛天赐传》等作品先后在美国和英国

带你走进博物馆

翻译出版，成为了最早介绍给欧美读者的中国现代文学作品。

1949年新中国成立，刚刚动完腰病手术的老舍在接到周恩来总理委托文艺界友人写的邀请信后，便迫不及待地离开了纽约，辗转回国。

图 19、在美国与朋友合影

人民艺术家

1949年底，在他乡异国漂泊了数年之后，年过半百的老舍终于回到了他日思夜想的北京。第二年春天，老舍便购置了东城区迺兹

图20、在北京市文联成立大会上，左起：李伯钊、老舍、赵树理、梅兰芳

图21、1960年春节联欢晚会上与周恩来总理交谈

府丰盛胡同10号（现丰富胡同19号）一所普通的四合院，一家人从此就生活在了这里。

图22、1965年访日期间与中日文化交流协会会长中岛健藏合影

新中国成立后，中国社会和人民生活发生了翻天覆地的变化。看到了自己热爱的北京在短短的时间内便面目一新，北京人民也过上了平等幸福的生活，老舍欣喜万分。老舍开始用他的笔来歌颂新中国，歌颂北京人民的新生活。1951年，老舍根据人民政府改造龙须沟的事迹，创作了话剧《龙须沟》，并因此获得了北京市人民政府颁发的"人民艺术家"奖状。老舍先后

带你走进博物馆

带你走进博物馆

写下了《茶馆》、《女店员》、《正红旗下》等著名作品。除了创作上的辉煌成就，老舍在事业上也进入了高峰时期。1950年5月17日，北京市文学艺术工作者联合会成立，老舍被推选为主席，从此连选连任十六年，直到他去世。在这十六年间，老舍辛勤工作，致力于对传统文化的保护和发展，以及新中国各项文化事业的开拓。他多次到全国各地考察文化工作，出访过捷克斯洛伐克、苏联、印度、日本等国家，为新中国的文化事业作出了积极的贡献。

从动荡的旧北京到人民安居乐业的新北京，从晚清的腐朽、军阀混战和侵略者的殖民统治到蒸蒸日上的新中国，老舍的一生经历了中国历史上最深刻的变革，他也由一个生活在平民阶层里上不起学的穷孩子成为了深受人民爱戴的艺术家。他笔耕不辍，用自己的一生记录下了这部历史，为我们留下了宝贵的精神财富。

图23、"人民艺术家"奖状

"丹柿小院"四季青

带你走进博物馆

老舍从美国归国后，于1950年4月购买了北京市东城区迺兹府丰盛胡同10号（现东城区灯市口西街丰富胡同19号）的一所普通的四合院，一家人在此定居。老舍在这里居住了十六年，新中国成立后的作品全都创作于此。1984年5月，老舍故居被北京市人民政府列为市级文物保护单位。1999年2月，老舍纪念馆在老舍故居的基础上建成并对外开放。

买房

老舍刚刚回国时，家小尚在重庆，他被安排住在北京饭店，吃、住、写作全在此处。由于刚刚解放时，不兴自己买房，先于老舍到达北京的文学界朋友们都被政府安排住在宿舍楼里，或是几家人合住一个四合院，人多嘈杂，不适合写作。于是，老舍就萌生了自己买房的念头。有一次，老舍见到了周恩来总理，便问能不能自己出钱买所住处，只要住所不吵闹就行，因为他需要安静的创作环境。周恩来总理一听，当即答应：你需要安静的写作环境，当然可以，你买吧，没问题。

老舍从美国带回来一些积蓄，都是积攒下来的稿费。由于当时的政治环境，国内几乎没有人买房只有人卖房，所以房子特别便宜。老舍委托老朋友卢松庵和张良辰帮他看房。他们看好了东城迺兹府丰盛胡同10号的一处小院，要一百匹白布，便让老舍去看房。卢先生办事热情周到，老舍相信他，连看都没看就定下了。房子经过简单的修整就可以住人了，不多久，老舍和从重庆返回北京的家人一起居住在了这里。老舍成了解放初期政府批准作家自己掏钱买房的第一人，这个小院也成了老舍一生中居住时间最长的地方。

图24、开放前的老舍故居

带你走进博物馆

丹柿小院

老舍买的这所小院坐落在东城迺兹府丰盛胡同10号。由于北京有两个丰盛胡同，另一条比较大也更有名，所以发给老舍的信件常常错投到那里。老舍去世后，这里改成了丰富胡同，门牌也变成了19号。小院的位置几乎是市中心，王府井商业街近在咫尺，离隆福寺也仅有几步之遥，附近老字号饭馆和商铺林立，学校也有好几所，生活非常方便。虽然地处繁华地带，但因为院外的迺兹府大街（现名灯市口西街）不是交通主干道，车少人稀，所以并不嘈杂，加上有围墙和院内的树遮挡，院子里就成了一个闹中取静的小天地。

图25、春天的丹柿小院

小院的大门开在胡同里,朝东。一进门是一座灰色砖影壁和两间南房。绕过影壁,西侧有一个小外院,院内有两间正房和两间南房。正房由儿子居住,也是外地客人的临时客房。外院有一小片空地是老舍的花圃,常常种着许多盆花。外院北面便是小院的主体了。

　　进二门,迎面便是一座北京现在已很少见的五彩木影壁,上面还贴着由老舍夫人胡絜青亲笔题写的"福"字。绕过木影壁,整个院落就豁然眼前。正面有三间正房和两间耳房。正房明间和西次间是客厅,东次间是老舍夫人胡絜青的画室兼卧室,西耳房是老舍先生的书房兼卧室。东耳房是卫生间,外面有一个小天井。院中三间东房原来是厨房和餐厅,三间西房是老舍女儿们的住房。

　　小院里一年四季生机盎然、幽静雅致。院中两棵高大的柿子树是老舍夫妇在1953年亲手栽种的,它们是院中的灵魂。春天一到,嫩

图26、五彩木影壁

绿色的新芽让人充满希望;夏天的酷暑,在茂密树阴的遮蔽下也逃之夭夭;深秋时节,红红的柿子缀满枝头,给小院增添了许多丰收的喜庆……胡絜青先生因此将这里命名为"丹柿小院"。就连冬天,院子里也不乏生机。院中摆放着的大缸是老舍生前使用过的,这也是四合院的必备之物。缸中盛满水有防火的作用,夏天还可以用来养荷花和金鱼。

老舍的客厅

客厅里的陈设是按照老舍的意图布置的。家具有一张双人沙发和两张单人沙发，一个小圆茶几，其余都是旧的红木家具，有书橱、古玩格、条案、大圆桌、靠背椅、湘绣墩等。这些家具都是老舍陆续选购来的。老舍的母亲是满族人，虽穷可是很爱干净，永远把家具上残缺不全的铜活擦得锃亮，人穷志坚。老舍继承了母亲的这个习惯，每天

图27、老舍的客厅

在写作间也会把家具都擦得一尘不染。桌面上时常摆放着的两样东西就是花瓶和果盘。花瓶里的鲜花一年四季赏心悦目，果盘中的时令水果香气沁人心脾。擦果盘和擦家具一样，也是老舍写作间的一项课程，把水果拿出来，将果盘擦干净后再摆放回去。

西墙上的画是客厅里最耀眼的东西。老舍爱画，珍藏了许多名家的作品，还替换着把这些画悬挂在客厅以便欣赏。这些画或是购来，或是求得，都是老舍的宝贝，齐白石、傅抱石、林风眠、李可染、于非闇等大师的画经常会出现在客厅的墙上。或十天、或半个月，或两幅、或几幅，老舍轮流更换着这些画，客厅的西墙简直就成了一个小型的画廊。

老舍一生好客，他常常在客厅里会见各界朋友，大家一起题诗作画，谈论文艺。他精心布置的客厅，也就成为了许多文艺界友人心灵的家园。

带你走进博物馆

老舍纪念馆

安静的书房

西耳房是老舍的书房兼卧室。西耳房和西屋北墙之间原来也有一个小天井，老舍把它打通又增加了天窗，还装了通往院子里的门。老舍说这里是全院儿最安静的地方，他把这间改造过的屋子作为了自己的书房兼卧室，书桌就摆放在一进门的地方，写作累了一抬头便可看见院子里的风景，最适合写作。老舍在这里居住生活十六年，写下了二十四部戏剧和两部长篇小说，《龙须沟》、《茶馆》、

图28、老舍的书房兼卧室

带你走进博物馆

带你走进博物馆

图29、桌上的台历

当年的主人。

书桌背后有一个别出心裁的设计，老舍请工人在墙里打了一个壁柜，用来贮藏字画和小古董。因为墙厚，所以才有了这个先天的条件可以容纳一个壁柜；又因为有了一位独具匠心的主人，所以才使这堵墙别具一格。红木的明床是老舍生前使用过的家具，因具有很高的文物价值，"文革"被抄没后没有被损坏，后来又原物发还了。老舍有腰病不能睡软床，这是他从旧木器行专门选购的硬床。写作之余，老舍时常会在床边玩会儿扑克牌，作为一种休息的方式。墙角摆放的大箱子是老舍当年从美国带回来的，一直保留到了现在。

《正红旗下》等著名作品都是在这里创作的。

室内陈列着老舍先生写作用的书桌，上面放置着一枚齐白石为他刻的印章，一只冯玉祥将军赠给他的玉石印泥盒，还有他用过的眼镜、钢笔、墨水瓶、烟灰缸，以及台灯、收音机等。桌上的台历仍旧停留在1966年8月24日，仿佛在默默地纪念着它

《甲子感怀字》

　　客厅的东次间是老舍夫人胡絜青的画室兼卧室。现在墙上悬挂着的两幅作品,一幅是创作于20世纪80年代的《菊鸽图》,一幅是胡絜青亲手题写的《甲子感怀字》:"识苦尝辛八十年,此身难寻一日安。齐鲁年年惊鼙鼓,巴蜀夜夜对愁眠。几度团圆聚又散,何处居停是桃源?伤心京华太平水,湖底竭时泪不干。形骸千锤瘦骨在,家国百炼矢志坚。绕膝儿孙知自立,策杖老妪未敢闲。一庭好花添画稿,半窗明月照诗篇。留得絜品答舍予,雨后青山别样蓝。"这首词概括了她一生的经历,寄托了她对老舍先生的哀思。从中我们可以感受到胡絜青

图30、《菊鸽图》

带你走进博物馆

先生高尚的内心世界和她与老舍的真挚情感。老舍去世后，胡絜青老人在这里安度晚年，坚持作画，创作了许多优秀的绘画作品，其中有很多都被纪念馆收藏。暮年之时，她又做出了重要的决定，将老舍故居捐献给国家，用以建立老舍纪念馆，而她自己则搬离了生活几十载、留给她无限回忆的"丹柿小院"。

带你走进博物馆

图31、胡絜青的画桌

識苦嘗辛八十年此身難尋一日安齊魯年年
驚鼙鼓巴蜀夜夜對愁眠幾度團圓聚又散
何處居停是桃源傷心京華太平水湖底竭
時淚不乾形骸千錘瘦骨在家國百煉矢
志堅繞膝兒孫知自立策杖老嫗未敢閑一
庭好花添畫稿半窗明月照詩篇留得絜品答
舍予雨后青山別樣藍

甲子感懷　胡絜青於北京丹柿小院

帶你走进博物馆

图32、《甲子感怀字》

正红旗下著春秋

老舍一生创作的作品近千万字之多，包括小说、散文、诗歌、戏剧等各种体裁。老舍的写作风格和思想与他的生活是密不可分的。满族、北京人、贫困的童年以及曲折的人生经历等，这些造就老舍性格的因素也造就了老舍的写作风格。幽默是老舍作品特别是早期作品的突出特点之一。老舍用幽默的语言来批判人性的丑恶，揭露社会的腐朽，让人在笑声中体味人生、思考社会发展与变革之路。老舍语言文字方面的功力堪称一流，北京风味的语言是老舍作品最大的特色，他用北京口语进行写作，使得作品平易近人、琅琅上口。老舍作品的时代性很强，全部的老舍作品就是一部活生生的中国近现代史。

老舍纪念馆收藏了许多不同时期不同版本的老舍著作，其中不乏极为珍贵的版本。1939年赴西北八省慰问抗日将士时的长篇新诗《剑北篇》（1942年5月大陆图书公司出版）和1942年的四幕抗战话剧《谁先到了重庆》（1943年2月联友出版社出版）两书，是馆藏一级文物。

图33、《剑北篇》

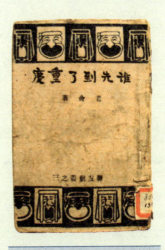

图34、《谁先到了重庆》

带你走进博物馆

英国创作的小说三部曲

老舍在英国伦敦大学东方学院担任华语讲师时就开始了小说创作。他在英国创作了三部长篇小说，是他早期创作的代表作品。

《老张的哲学》是老舍创作的第一部长篇小说，写于1925年。小说讲述的是混迹于教育界的老张作恶的故事，讽刺了"钱本位"的思想，揭示了社会的黑暗和丑恶。这部小说发表时首次使用了"老舍"这个笔名。

《赵子曰》写于1926年，以作者熟悉的公寓生活为素材，描写了一群住在北京天台公寓的大学生的生活，讽刺了当时一些不务正业的大学生，赞扬了那些有强烈爱国心和正义感的青年。

《二马》写于1928年至1929年初，小说描写了马氏父子到伦敦经商、读书的经历，是我国现代文学史上最早通过民族性对比对自己的民族文化进行评价，从而思考中华民族振兴之路的文学作品。

在这三部小说的创作过程中，老舍不断积累着创作经验，在结构安排、人物刻画等方面逐步完善，流畅的语言和幽默的风格成为了他早期作品的特点。这三部小说初步奠定了老舍在中国现代文学中的地位。

图35、《老张的哲学》诸版本

"中国式离婚"

从英国归国后，老舍的创作日渐走向了成熟。在山东任教的几年间，老舍创作了许多脍炙人口的作品，这当中有短篇小说、中篇小说、长篇小说，还有许多散文、杂文和幽默诗文。在这些作品中，老舍自己评价较高的是1933年创作完成的长篇小说《离婚》。

小说描写了北平某财政所一群小官僚的灰色生活，通过他们在婚姻问题上的纠纷和敷衍妥协的人生态度，反映了主人公在新旧文化冲突中的矛盾心理。主人公老李是一个诚实的知识分子，"五四"后接受了新思想，却还没有完全摆脱旧观念和旧传统的束缚。年轻时由父母做主娶了一个乡下女子，他不满意自己的婚姻，梦想着充满诗意的爱情，渴望从婚姻中解脱。但在与

图36、电影《离婚》剧照

马少奶奶的爱情梦想破灭后，老李最终向生活妥协，带着全家回到乡下。老李代表了"五四"运动后的一部分知识分子，他们对未来充满理想，有热情，却不能跳出旧生活的圈子，不得不在妥协中敷衍人生。老舍透过对老李等一类知识分子的描写刻画，对他们的心态和处境进行了认真的思考，在同情中予以了否定和批判。小说语言生动流畅，用北京风味的语言来描写北平的市民生活，再次使用了幽默的创作手法。这部小说是老舍的重要代表作品。

带你走进博物馆

祥子的悲剧命运

长篇小说《骆驼祥子》创作于 1936 年，是老舍最具影响力的代表作品，也是中国现

图 37、《骆驼祥子》初版本封面

图 38、《骆驼祥子》国外诸版本

代文学史上的名著。

小说描写了主人公祥子的悲惨命运。祥子是北平一个普通的人力车夫，他的梦想就是能拉上自己的车。但是，在军阀混战的黑暗社会中，祥子的梦想是不可能实现的。他好不容易买的车先是被军阀乱兵抢去了；他又辛苦地攒钱，可钱又被人敲诈了；最后，他用虎妞的积蓄买了车，却因虎妞的难产死亡而卖掉。在一次次挣扎奋斗却接连受挫的过

程中，祥子还是被命运彻底摧垮了，他最终对生活失去了信心，走向了堕落。

老舍真实丰满地刻画了北平底层社会的人物形象，他通过对祥子悲惨命运的描写，表现了在黑暗腐朽的社会环境中仅仅依靠个人的奋斗无法摆脱悲剧命运的主题。这也是老舍作为职业作家创作的第一部作品。小说最初发表在《宇宙风》上，从1936年9月16日的第25期连载至1937年10月1日的第48期；1939年3月，上海人间书屋出版了单行本。小说先后被翻译成十多种文字，在许多国家出版，在世界各国都产生了巨大的影响。

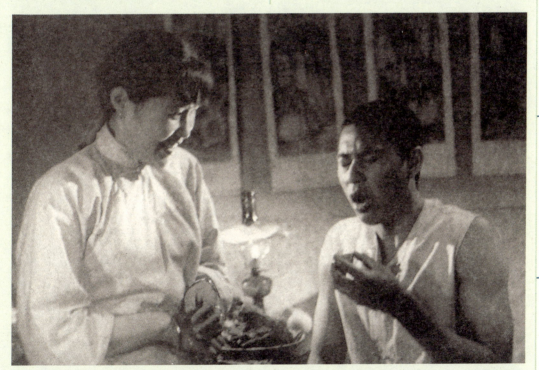

图39、电影《骆驼祥子》剧照

带你走进博物馆

带你走进博物馆

四世同堂齐抗战

1943年底，胡絜青带着三个孩子逃出沦陷的北平，到达重庆北碚与老舍团聚。到重庆后，朋友们纷纷到家中来看望胡絜青，向她了解北平的情况。胡絜青向大家详细讲述了日本侵略者残害中国人民的罪行。老舍通过妻儿得知了北平沦陷后的情景，得知了北平人民在侵略者的压迫下过着痛苦的生活，忍受着当亡国奴的耻辱。怀着对北平的热爱、对民族的热爱，老舍开始构思创作长篇小说《四世同堂》。

老舍从1944年开始创作，前两部《惶惑》、《偷生》在重庆创作完成，第三部《饥荒》写于美国。《饥荒》的前二十段于1950年至1951年在《小说》月刊上发表。在创作第三部时，老舍一边写作，一边和艾达·浦爱德合译《四世同堂》的英文节译本，名叫《黄色风暴》（The Yellow Storm），于1951年在纽约出版。由于《饥荒》后十三段的中文原稿被毁，老舍生前从未出版过《四世同堂》全书的单行

图40、《四世同堂》手稿

图41、《四世同堂》手稿

本。后来，马小弥根据英文节译本将最后的十三段又译成中文，才使全书得以完整出版。

小说以抗战时期沦陷的北平为背景，以生活在小羊圈胡同的祁家为主线，描写了北平人民在侵略者铁蹄下的悲惨生活和他们由痛苦屈辱、惶惑偷生、忍受饥荒到奋起反抗的艰难历程，赞扬了他们崇高的民族气节与抗争精神，控诉了侵略者的罪行，也批判了国民性的弊端，显示了深刻的思想性。主人公祁老人饱经世态炎凉，"七七"

图42、老舍在北碚的照片

带你走进博物馆

事变时已经七十五岁了。他对这场民族灾难的意识非常淡漠，只求用安分守己的处世哲学来自保，认为只要预备三个月的粮食和咸菜，再把大门堵上，什么难都能躲得过去。然而，在日本侵略者的摧残下，老人逐渐意识到了只有通过反抗去战胜侵略者才能求得民族生存。祁老人的三个儿子代表了三类人。老大瑞宣接受过文化教育，对现实有着深刻的认识，但囿于对家庭尽孝的职责，他顺从了别人，牺牲了自己。面对侵略，他既舍不下全家老小而奋起反抗，又蔑视大赤包、冠晓荷这样的汉奸，关心和敬佩钱默吟这样敢于与侵略者抗争的人，最终，在时代的推动下，他放下了传统观念，走向了反侵略之路。老二瑞丰贪图钱财，不惜当汉奸、为日本人卖命，最后自取灭亡。老三瑞全是一个爱国青年，从一开始便走上了抗击侵略者的道路。经过全民族的奋起抵抗，中国人民最终取得了胜利，北平人民也从民族灾难中挺了过来，祁家和街坊邻居要为这一天的到来而好好庆祝。作品生动地塑造了众多正反两方面的人物形象，成为反法西斯战争的世界文学名著之一，取得了巨大的文学成就，先后在美、德、法、日等许多国家翻译出版。

《龙须沟》与人民艺术家

龙须沟是旧北京南城天桥东边的一条有名的臭水沟，居住在这一带的都是穷苦百姓，有的卖力气，有的耍手艺，有的拉洋车，有的作工匠……都过着艰难的生活。臭水沟一年四季散发着恶臭，居住在附近的人长年忍受着恶劣的生活环境，却又没钱搬出去。每到下大雨时，沟里的臭水和泥浆都会溢出来，漫进院内和屋里，严重时还会冲塌房屋，危及生命。解放后，人民政府决定修理整治这条臭沟。经过治理，龙须沟面貌一新，周围的劳动人民也开始了新的生活。目睹了这一变化，看到人民政府没有用钱来为自己谋利，而是先为人民解决了生活的困难，老舍深受感动，饱含热情地创作了著名的三幕话剧《龙须沟》。

图43、《四世同堂》英文节译本封面

话剧的主人公是居住在龙须沟沟沿一个小杂院内的四户穷苦人家。程疯子是一个落魄的艺人，因为不肯屈从于权势和地痞流氓，他沦落到龙须沟，靠老婆摆香烟摊养活自己，长期的压抑使他精神失常，被称为疯子，但他内心里充满了正义感，仍然渴望着美好的未来。泥瓦匠赵老头染上疟疾卧床不起。王大妈靠焊镜子的洋铁边儿和作针线活儿为生，大女儿嫌沟臭，嫁出去便永不回头。丁四以蹬三轮为业，渴望着有朝一日可以躲开臭沟，但无论在哪里，日子都不好过，最后还得回到臭沟，女儿小妞子掉进沟中淹死后，他对生活彻底失望了。解放后，人民政府镇压了恶霸，为人民整治了龙须沟，龙须沟里不论男女都走上了工作岗位，过上了幸福生活。话剧通过对四户穷苦人家在新旧社会和治沟前后不同生活状况的描写，热情歌颂了新社会，表达了作者祈愿国泰民安的美好心愿。

1951年2月，《龙须沟》由北京人民艺术剧院公演，获得了成功。1951年12月21日，老舍因为创作这部话剧获得了北京市人民政府颁发的"人民艺术家"奖状，以表彰他为人民创作的巨大成就。

图44、《龙须沟》剧照

带你走进博物馆

图46、《茶馆》剧照

话剧里程碑：《茶馆》

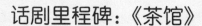

　　1957年创作完成的三幕话剧《茶馆》，以戊戌维新运动失败、袁世凯死后军阀混战、抗战后国民党黑暗统治三段历史时期为时代背景，描写了北京裕泰大茶馆的人事变迁，揭露了旧中国腐朽、黑暗、荒诞的社会面貌。

　　《茶馆》中描写了出入茶馆的人物多达七十余人，通过纵横两条线把中国近现代史浓缩到了小小的话剧舞台上，纵线是三个不同的历史时期，横线则是三教九流、不同性格命运的人物。裕泰茶馆的掌柜王利发精明能干，努力经营着父亲留下来的茶馆，他深谙世故，一心想要使茶馆兴旺，通过开公寓、办新式茶座等方法不断"改良"，但最终没有挽救茶馆被反动统治阶级霸占的命运。民族

图45、《茶馆》手稿

资本家秦仲义一心创办实业，希望靠实业救国，却也没能逃出被帝国主义和官僚资本主义侵吞的悲惨结局。旗人常四爷具有强烈的爱国热情，他敢于和恶势力斗争，面对清末的黑暗社会现状，他发出了"我看哪，大清国要完！"的感叹，因此惹祸上身被抓进大牢，出狱后他参加过义和团，后来又以卖菜为生，到老时只落得卖花生仁的下场。第三幕中，先是三位老人用捡来的纸钱祭奠自己，后是王利发在送儿子一家上"西山"参加革命后在茶馆中上吊，这些都向人们暗示了黑暗腐朽的旧社会行将灭亡。王利发、秦仲义、常四爷以及庞太监、刘麻子父子、唐铁嘴父子等诸多人物，生动鲜明，极具代表性，都成为了我国话剧舞台上不朽的人物形象。

《茶馆》语言纯熟流畅，是老舍戏剧的代表作。1958年3月，北京人民艺术剧院首演后，该剧经久不衰，成为了北京人民艺术剧院的保留剧目。到2004年，北京人民艺术剧院演出《茶馆》已满五百场。这部话剧还先后到德国、法国、瑞士、日本、美国等许多国家进行过演出，所到之处都掀起了"老舍热"，得到了国内外专家学者与广大观众的普遍赞誉，被誉为"东方舞台的奇迹"，成为了中国话剧史上的一座里程碑。

图47、1980年在德国演出

带你走进博物馆

带你走进博物馆

未完成的自传体小说

1961年底，老舍开始创作酝酿了三十年的一部自传体长篇小说《正红旗下》。到1962年上半年，老舍写出了11章共8万多字。由于受政治形势的影响，老舍未能写完这部小说。1979年3月至5月号《人民文学》上首刊了这部作品。

小说以老舍自己的家族为背景，生动地描写了清末满族各阶层人民的生活，展示了"熟透了的"满族文化和清朝"残灯末庙"似的衰败景象，揭示了清政府必定灭亡的道理。小说中，一面是像"我"家一样的穷苦旗人，虽穷，却自强不息。另一面，则是像大姐婆婆一样的旗人贵族，整日过着花天酒地的生活，一步步走向堕落和灭亡，却没有一丝危机感。清政府的腐败统治造成旗人社会的两极分化，上层贵族的奢侈享乐加重了下层人民的贫穷痛苦，清政府由"心儿里"逐渐烂掉。面对内忧外患，一部分旗人开始走上了不同的道路，出现了像福海一样同情下层人民、同情义和团的贵族子弟，满族这个"熟透了的"民族也开始了新的变化。

图48、《正红旗下》手稿首页

52

艺海拾珍求发展

民间文艺是中华民族宝贵的文化遗产，老舍一生都致力于民间文艺的保护和发展。抗战时期，老舍利用通俗文艺的形式来宣传抗战，使抗战宣传更容易被普通百姓接受。新中国成立后，老舍更加关注各种民间文艺的发展，他参与相声的改造，促进各种曲艺的进步，改编京剧剧本，做出了巨大的贡献。

抗战文艺

1937年抗日战争爆发。老舍在抗战的八年时间里，一直担任中华全国文艺界抗敌协会的领导工作，他把自己全部的精力放在了宣传抗战上，他在这八年中创作的作品没有一篇不是反映抗战的。这一时期，老舍转变了创作思想和风格，他选择了用通俗文艺的形式来宣传和反映抗战，他认为只有通俗文艺才能把包括农民、士兵在内的所有人动员起来共同抗战。老舍说："旧瓶装新酒给予我一种强烈的诱惑，以为这是宣传抗战的最锋利的武器。"

1937年老舍到达汉口后，为了宣传抗日，向曲艺演员学唱，习写鼓词、河南坠子、相声等民间通俗文艺作品。1938年11月出版了抗战通俗文艺作品集《三四一》，内收三段鼓词、四部抗日戏剧和一篇旧文体抗战小说。老舍认为："除了抗战国策，抗战文艺不

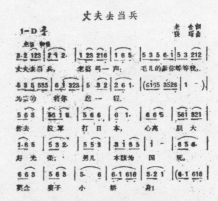

图49、老舍创作的抗战歌词

受别人的指挥，除了百姓士兵，它概不伺候。因此，它得把军歌送到军队中，把唱本递给老百姓，把戏剧放在城中与乡下的戏台上。它绝不是抒情自娱，以博同道们欣赏诮读，而是要立竿见影，有利于抗战"（《三年来的文艺运动》)。老舍在《抗战文艺》、《抗战画刊》、《抗到底》等诸多抗战杂志上发表了许多抗战文艺作品，一方面宣传了抗战，另一方面也在客观上推动了民间通俗文艺的发展。像《抗战画刊》就选用许多以抗战为主题的漫画刊登，再配上唱词，可以制作成画片儿在街头"拉洋片儿"，通过这种活泼风趣的形式来宣传抗战。老舍为《抗战画刊》写过许多唱词和小诗。

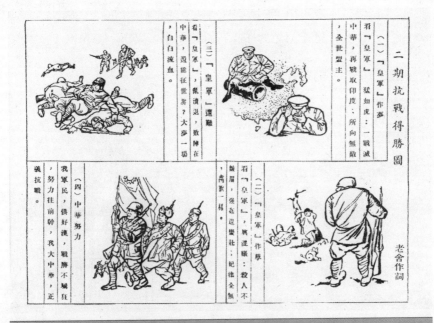

图50、《抗战画刊》上的插图和老舍配的词

相声的改造

民间文艺在旧社会不受重视，民间艺人也不被人尊重，一直处于社会的最底层。新中国成立后，政府开始对各种民间文艺加以保护和发展。老舍历来就关注着民间文艺的保护和发展，以极大的热情投入了对曲艺的改革，写新内容的鼓词、相声，介绍写作经验，与新老艺人们合作改编旧的曲艺作品等，做出了积极的贡献。

老舍打小就喜欢听相声，还喜欢登台说相声。在武汉时，他与富少舫上台为大家演过双簧，在重庆也和老向、梁实秋等人说过相声。他在生活中发现幽默，在作品中用幽默的手法表现人生，像《茶馆》等作品的对白中就融入了相声的技法，给我们留下了深刻的印象。1950年1月中旬，"北京相声改进

小组"成立，侯一尘、侯宝林、孙玉奎等人请老舍帮助他们写新段子。老舍给他们改编了《文章会》、《菜单子》等多段老相声，还写了许多宣传性的文章。老舍提出，改进相声首先应"力避口脏"，将低级趣味和不伦不类的比喻，特别是丑化与侮辱劳动人民的言语，坚决去掉。热情鼓励相声演员加紧推动识字运动，提高思想，使相声"成为既轻松可喜，又能担起点宣传责任的东西"（《谈相声的改造》）。

图51、丁聪作漫画《老舍演双簧》

曲剧的诞生

1951年老舍创作了曲剧《柳树井》。剧中描写京郊一女青年在旧社会当童养媳受尽虐待，在新中国《婚姻法》颁布后最终争得了幸福的婚姻。这是老舍为宣传婚姻法而写的一个小戏，却是把曲艺搬上戏剧舞台的一次成功的尝试。

曲剧是用民间曲艺形式的各种曲牌子和腔调表演歌剧的一种艺术形式。在20世纪初期，各种曲艺形式在北京已经发展到了相当成熟的时期，但是囿于当时的时代背景，曲艺的戏剧化没能实现。解放后，曲艺界人士在这方面做了大量的努力，试图实现这个目标。《柳树井》发表后，北京市

图52、曲剧《柳树井》剧照

带你走进博物馆

曲艺工作团在演出时，试验把曲艺的各种形式，如琴书、大鼓、莲花落、单弦等，融会在剧中，尤其是将单弦的不同曲牌容纳在内，因情调不同而灵活使用，充分表现了丰富复杂的感情，受到了观众的欢迎与文艺界的重视。从此，由民间曲艺中便发展出了"曲剧"这一新剧种。

曲剧《柳树井》演出的成功具有重要的意义。它突破了旧的形式，把各种成熟的曲艺形式综合在一起搬上了戏剧舞台，推动了曲艺改革的发展，为曲艺的发展开创了一条全新的道路。老舍先生对这次实践进行了总结，他认为曲剧既保留了传统曲艺的很多优点，还克服了不少传统曲艺的缺点，群众容易听得懂也易于接受。同时，老舍还客观地指出了这种新戏曲在刻画人物上存在的缺陷，应该多从传统戏曲中汲取一些经验。此后，曲剧不断发展，出现了不少受欢迎的剧目。

发展京剧

老舍喜爱京剧，也关注着京剧的发展。新中国成立后，老舍作为了北京戏曲改革小

图53、老舍与马连良的合影

组的成员，经常观摩各地的戏剧演出，还和老艺术家们在一起研究戏剧曲目的保留和剧本的改编。除了改编，老舍还尝试着创作京剧剧本。1959年，老舍为马连良和北京京剧团编写了一出京剧《青霞丹雪》，这个剧本是根据《今古奇观》第十三卷中"沈小霞相会出师表"的故事改编而成的。他还曾改编过《十五贯》、《王宝钏》等京剧剧本。老舍和梅兰芳等京剧表演艺术大师都是朋友，他不仅喜欢听他们的戏，还非常赞赏他们在艺术上的成就和品德。1961年，著名京剧表演艺术家郝寿臣去世后，老舍写文章悼念他，并为《郝寿臣脸谱集》一书作序，赞扬他在艺术上一丝不苟和开拓创新的高尚精神。

图54、老舍等人观看郝寿臣勾脸后合影

带你走进博物馆

保护杨柳青木版年画

杨柳青木版年画是我国珍贵的文化遗产。1961年，周恩来总理视察杨柳青镇年画车间后，一直关心着杨柳青年画的发展和保护，专门委托老舍到杨柳青指导工作。1964年春，老舍专程前往天津杨柳青镇考察杨柳青年画的历史和发展工作。在杨柳青镇画店车间会议室里，老艺人把不同历史时期的画样木版拿出来向老舍汇报。老舍对清朝时期创作的木版画很感兴趣，并对精湛优美的木刻艺术赞不绝口，尤其是见到几百年前画师能用金粉沥制成金画，特别告诉老艺人要把这段文化遗产整理好。每天晚上，老舍和老艺人座谈，认真地听取大家的意见，还把这些情况写成材料汇报给周总理。老舍指示画店把画版送到博物馆保存起来，对外说是为了战备需要，实际是为了保护文化遗产珍贵实物，使得这批画版躲过了"文革"那场空前劫难得以保存下来。老舍特别提出木版年画要推陈出新的主张，要去创作世人都喜欢的题材，像《白蛇传》、《红楼梦》长篇手绘画册就是根据老舍建议创作的。

亲情难舍终团聚

老舍爱自己的家人，但是动荡的年代使他不能在母亲身边尽孝，也使他难以与妻子儿女团聚。新中国的成立，结束了动荡的时代，亿万中国人民过上了安定的生活，老舍也回到了祖国，与家人团聚。

正红旗下

"我是腊月二十三日酉时，全北京的人，包括着皇上和文武大臣，都在欢送灶王爷上天的时刻降生的呀！"（《正红旗下》）

1899年2月3日（旧历戊戌年腊月二十三日），老舍出生在北京西城小羊圈胡同（现名小杨家胡同）的一个贫困的满族家庭。他的家族属清代满族八旗中的正红旗。当时的满族已经是一个"熟透了"的民族，他们的祖先南征北战，凭着文才武略治理天下，到了那个时代，旗人们都只是靠着吃"铁杆儿庄稼"来生活，大部分人打仗并没有多少本领，又不劳动，整天就是斗蛐蛐儿、放鸽子、遛鸟儿，讲究吃和玩儿。这样的一个民族必然是要走向没落的。老舍在自传体长篇小说《正红旗下》中就描写了这样一个"熟透了"的民族。随着清王朝的没落，旗人的生活越来越艰难了。老舍正是出生在这样的一个时代。

老舍兄弟姐妹八人，只活下来三个姐姐和一个哥哥，他是父母的"老"儿子。老舍的父亲舒永寿是清朝末年保卫皇城的护军，每月饷银

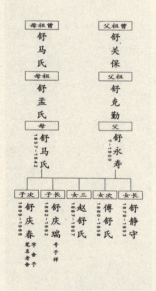

图55、老舍家谱

只有三两。他出生前，前个姐姐都已经出嫁了。生他那天，父亲舒永寿正在皇城当班护卫，母亲在分娩的时候因为失血过多昏死过去了。多亏大姐及时赶到，把刚出生的小弟弟揣在怀中，才使他没被冻死。事后亲戚和街坊都说这孩子"命大"。他生在"狗"年的末了，和他们一起生活的姑母，爱叫他"小狗尾巴"。他不爱听，老说自己是灶王爷上天、糖瓜粘那天生的。这多好，甜甜的，灶王爷上天我下凡，多有气派！

因为第二天是立春，父亲给他取名"庆春"，取庆贺新春的意思。老舍说："可以想象到，当初我的父母必是这么看，有子名春，来头必大，定会光宗耀祖。"他还把姓分开，取字舍予，早早立下了"舍生取义"的志向。

1900年（庚子）8月14日，八国联军攻进北京城，顷刻间京师变成了人间炼狱。老舍的父亲舒永寿为保卫皇城，被烧死在西华门外南长街路西一家粮店的门口，临死前他托人把一双脱下来的布袜子捎回了家中，死后连尸首都没有留下。侵略军的士兵接二连三闯进家中，见什么要什么。一岁半的小庆春被扣在破木箱子里，险些被侵略兵的刺刀捅死。父亲阵亡后，一家人的生活就更为艰难了。

带你走进博物馆

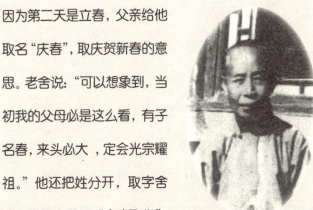

图56、老舍大姐舒静寿

图57、老舍三姐赵舒氏

母亲

老舍母亲的娘家在北平德胜门外，土城儿外面，通大钟寺的大路上的一个小村里。村里一共有四五户人家，都姓马。大家都种点不太肥美的地，与老舍同辈的兄弟们，也有当兵的，做木匠的和当巡查的。他们虽然是农家，却养不起牛马，人手不够的时候，妇女也要下地干活。母亲嫁过来比较早，但到生老舍的时候已经四十一岁了。

父亲去世时，老舍的哥哥不到十岁，三姐十二三岁，他才一岁半，一家人的生活就靠着母亲为人浆洗缝补来维持了。

老舍的母亲虽然也是满族人，但不同于那些不学无术的旗人。她生在农家，勤俭诚实，身体也好。她每天既要为人洗衣服、缝补或裁剪衣裳，又要照管家务，虽然劳累，但是丝毫也不敷衍，就是屠户送来的黑如铁的布袜，她也给洗得雪白。家境虽穷，但人穷志不短，家里家外所有的事情，她都打理得非常周到。家里永远非常干净，屋里的家具虽然残破但一尘不染，连破损的铜活儿也总是擦得锃亮。她十分好客，就算家境艰难，来客人时也要设法弄点东西招待。老舍的姑母和他们生活在一起，脾气十分坏，但是无论姑母怎样闹脾气，母亲从来也没有反抗过，她总说没受过婆婆的气还不得受姑奶奶的气。她待人友善，不怕吃亏，邻居家有事情需要帮忙时，她总跑在最前面。但她并不软弱，在战争年代，她顽强地保护着自己的孩子。

老舍的母亲就是这样一个平凡而伟大的母亲，她给了老舍生命，还把坚强的性格传给了老舍。从小跟随母亲生活的老舍从母亲身上学到了许多好习惯，爱清洁，守秩序，热爱生活，热爱生命，善良真诚，喜欢交朋友……老舍最爱自己的母亲，但是多年的漂泊，使他不能在母亲身边尽孝。当得知母亲去世的消息时，老舍悲痛不已。"生命是母亲给我的。我之能长大成人，是母亲的血汗灌养的。我之能成为一个不十分坏的人，是母亲感化的。我的性格，习惯，是母亲传给的。她一世未曾享过一天福，临死还吃的是粗粮。唉！还说什么呢？心痛！心痛！"（《我的母亲》，《时事新报》1943年1月13日）

图58、《我的母亲》

永恒的爱情

1931年初，寒假时老舍从济南回到北平，经好友罗常培、白涤洲、董鲁安的介绍认识了胡絜青。胡絜青生于1905年12月23日，当时就读于北京师范大学国文系四

图59、老舍与胡絜青的结婚照

带你走进博物馆

图60、1942年胡絜青和三个孩子在北平合影

年级，她与几位女同学成立了一个文学团体，取名为"真社"。听说老舍从英国回国，住在白先生家，她们推举胡絜青为代表，想请老舍来学校座谈文学。两人结识后，便时常通过书信交谈。他们都是满族人，有爱好文学的共同志趣和相同的生活习惯，

很快就建立起了感情。1931年4月，二人定婚。暑假时，老舍回北平与胡絜青完婚。1931年暑期开学前，新婚夫妇一同到了济南，租了南新街54号的一个小院，开始了他们新的生活。

在山东的几年间，老舍夫妇生活比较稳

图61、1952年老舍、胡絜青在院内花丛中合影

定，先后生了三个孩子，家庭十分和睦。抗战爆发后，老舍到武汉参加抗战。胡絜青带着三个孩子回到了北平，在北平师范大学附属女子中学任国文教员，抚养子女，照顾年迈的婆母。北平沦陷后，胡絜青又带着三个孩子逃出了北平，于1943年11月到达重庆北碚与老舍团聚。老舍去美国后，胡絜青又独自带着孩子生活在北碚，直到1950年才回到北京与老舍再次团聚。

战争使夫妻二人经历了几次的生离死别，动荡的旧社会使一家人难以团聚。但是，时间和距离并不能切断他们的感情。新中国成立后，老舍和胡絜青终于能够和孩子们过上幸福安定的生活，他们满怀热情，共同投入到了新中国的文化事业中。

自幼喜爱绘画的胡絜青年近五旬时开始学习绘画，曾师从于齐白石，并向于非闇等老画家求教，经过不懈的努力，成为了一名国画家。胡絜青的画风深得齐白石真传，师法自然，刻意求新，形成了独特的个人风格。她能工能写，尤其擅长画松、菊、梅，代表作品有《百菊图》等。她还将谷物、鸭梨等国画很少表现的事物引入到自己的绘画题材中，赋予了作品浓厚的生活气息。从胡絜青留下的一幅幅绘画作品中，我们能够欣赏到她精湛的绘画技巧，解读到她丰富的内心世界，感受到她对生活、对大自然、对一切美好事物的深深眷恋。2001年5月21日，96岁高龄的胡絜青走完了充满传奇色彩的人生之路，在北京安然辞世。

带你走进博物馆

带你走进博物馆

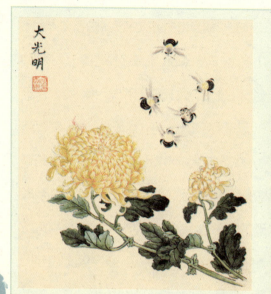

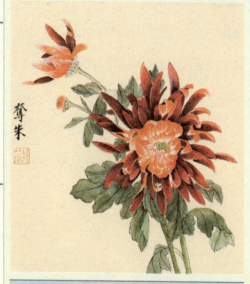

图62、胡絜青《百菊图》局部

图63、胡絜青《丰收》

父爱

作为父亲，老舍陪伴在自己孩子们身边的时间并不算多，但是他爱自己的孩子们。老舍给孩子们起的名字都很有趣，全是单字。大女儿生在济南，就直截了当起了个"济"字。但是繁体的济字太难写，到了儿子那里就简化到了不能再简化的程度，一笔，一个"乙"字，既有老二的意思，又容易写。老三出生时，全家在青岛，恰逢青岛一连下了一个月的雨，就起名为"雨"。老四是立春所生，只和老舍的生日差一天，取个"立"字，从意思上讲不错，笔画也不多。这四个字虽然简单，但意思却很丰富，包含了老舍对子女的爱。

图 64、与外孙女王研

老舍教育子女有自己的思想，他认为只要自己努力，不论将来长大了做什么都是有意义的，不一定非要像自己一样做个文人，也不一定非要入大学不可，只要能做一个好人、一个对社会有用的人，就可以。他主张让孩子多玩耍，因为孩子的天性就是活泼好动，在玩耍中才能健康快乐地成长并且学到东西，若是从很小的时候就开始逼着孩子读书认字，对成长并没有好处。尽管孩子们的玩耍淘气时常会干扰老舍的写作，但他还是乐在其中。给老大老二讲故事，看他们嬉戏，给他们当马骑，就是老舍在济南时的一大快乐。

老舍对待孩子也像对待大人一样平等。从美国回国后，儿子舒乙已经上了初三，老舍见到他时便伸出手与他握手，不再把他当孩子对待了。每每听到孩子们在屋里谈话争论时，老舍虽然听不懂那些数理化，一句话都插不上，但是心里非常高兴。晚年的老舍更加喜欢孩子，写作之余很喜欢和小孙女、外孙女一起玩耍嬉戏，其乐融融。

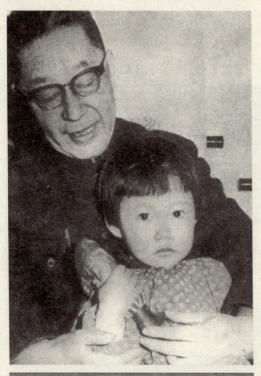

图65、与孙女舒悦

友谊长存成佳话

老舍喜欢交友，他的交友面广，朋友多。从儿时的同窗，到事业上志同道合的好友，老舍和他的朋友们为我们留下了许多动人的故事。

同窗好友罗常培

"与君长别日，悲忆少年时……"这是老舍在《悼念罗常培先生》一文中写下的感人诗句。罗常培（1899-1958年），著名的现代语言学家，1919年毕业于北京大学中文系，建国前曾先后任西北大学、厦门大学、广州中山大学、北京大学等校教授，1945年赴美任访问教授，建国后任中国社会科学院语言研究所所长，1952年任文字改革委员会委员，主要作品有《中国人与中国文》、《反语音韵学导论》、《语言与文化》、《罗常培语言学论文集》等。罗常培和老舍幼年时在北京西直门内市立第二小学堂同学三年，1913年又一同考入北京第三中学。虽然只是短短几年的同学，但他们在一生中都保持着深厚的友情。

老舍说，在同学中罗常培给他的印象是最深的。他们放学后，每每一同到小茶馆去听评讲《小五义》或《施公案》，因为老

图66、1932年冬在北京与罗常培合影

舍家里穷没有零花钱，出钱时总是罗常培帮老舍付。老舍的第一部长篇小说《老张的哲学》，就是由他和白涤洲首先看过并由他转呈给鲁迅先生的。他还是老舍和胡絜青结识的介绍人之一。抗战中，罗常培还曾通过清华大学校长梅贻琦邀请老舍到昆明讲学，在昆明时老舍就住在他的家中。一次，罗常培从昆明到北碚看望老舍，因为经济上一时拮据，老舍便卖了一身衣裳，好请他吃一顿饭。不料罗常培正闹肠胃病，吃不下去。这件事被传为佳话，既可见老舍待友的真诚，又可见他们二人友谊之深厚。1944年，文艺界庆祝老舍创作生涯二十周年时，罗常培撰写了回忆文章《我与老舍》，详细记述了他与老舍多年来的友谊。解放后，由于都住在北京，他们二人的交往更加密切。罗常培逝世后，老舍十分痛心，含泪写下了《悼念罗常培先生》一文。

挚友白涤洲

白涤洲（1900—1934年），现代语言学家，在汉语语音等研究领域成就显著，主要著作有《同音字典》、《标准国语留声片课本》等。他是老舍最真挚的朋友，他们最说得来，朋友们开玩笑常说"涤洲和舍予是一对儿"。在北京师范学校上学时，老舍与白涤洲是上下班的同学，虽然隔着班，但是很说得来，便成了朋友。老舍和白涤洲先后担任京师公立第十七小学的校长，白涤洲接的是老舍的班。后来，白涤洲到教育会里作干事，又接了老舍的事。就这样，他们总是前后脚地在一起，逐渐成了最要好的朋友。老舍到英国任教期间，他们两人一直保持着联系。1930年，老舍回到北京也一直住在白涤洲的家中，老舍与胡絜青第一次见面就是在他家里。

带你走进博物馆

白涤洲很聪明，为人很厚道，喜欢帮别人的忙，大家有什么事都会先想起他。"我想不起更足以表现他整个人格的称号；对，只有'好朋友'，大家有什么事都找他。"（《记涤洲》）他工作忙，事情也多，一年到头都闲不下来，尽管这样，他在学问上也很有成就，成了学者。不幸的是，白涤洲英年早逝。得知他的死讯，老舍悲痛不已，哭着从青岛赶回北平为他送葬。"涤洲，涤洲，我们只有哭；没用，是没用。可是，我们是哭你的价值呀。我们能找到比你俊美的人，比你学问大的人，比你思想高的人；我们到哪儿去找一位'朋友'，像你呢？"（《哭白涤洲》）

最好的朋友

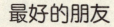

"地山是我的最好的朋友。"

现代作家许地山（1893—1941年）与老舍于1922年前后相识，当时他们都在北京缸瓦市中华基督教会做社会服务工作，共同参与了《北京缸瓦市基督教会现行规约》的起草。那时许地山已经在燕京大学毕业后留校教书，很有学问。老舍刚与他结识时，几乎不敢想像能与他交上朋友，因为他是个有学问的人。但是，许地山并不因为有学问而清高、摆架子，他爱说笑话，待人真诚，当他遇到朋友的时候就忘了自己，不管朋友们说要怎样他总不驳回。他同老舍一起去吃八个铜板十个的水饺，一边吃一边聊，总说得很有趣，他愿意把他所知道的东西都告诉别人。

许地山有两个毛病。一个是不爱写信，你给他写十封信，他未见得回一封；偶尔回一次也只是写在一张随手捡来的破纸上的几个字。另一个是不守时间，不管什么时候只要他在图书馆看起书来或者和朋友谈起话来，他绝对不会去看时间，约定的时间对他也毫无意义。

1924年老舍初到伦敦后，和在英国留学的许地山住在了一起。他带着老舍到

图67、20年代的许地山

伦敦各处参观，熟悉生活。老舍在他的影响下开始写作小说时，不怎么自信，抓着机会给他朗读一两段，得到他的认可和鼓励后，便有勇气继续往下写。抗战时期，许地山在香港大学任教，积极参与香港"文协"分会的工作，与老舍共同致力于抗战文艺事业。

1941年，许地山去世后，老舍写下了《敬悼许地山先生》一文回忆他，"他既是我的'师'，又是我的好友！"

何容，何许人也？

何容（1903-1990年），现代语言学家、作家。何容早年间便与老舍在北京结识，抗战爆发后，曾和老舍共同参与中华全国文艺界抗敌协会的工作，编辑《抗到底》月刊时还邀老舍为撰稿人。1938年7月武汉沦陷前，老舍与何容等人一同携带"文协"的印鉴和文件到了重庆。从武汉到重庆前后一年多时间里，他们二人同住一室，共同从事抗战文艺工作。老舍在同何容相处共事的日子里，对他有了很深的了解，老舍曾在《何容何许人也》一文中对何容进行过评价，"当他硬的时候，不要说巴结人，就是泛泛的敷衍一下也不肯。当他柔顺的时候，他的感情完全受着理智的调动"。老舍对他的评价是"光明磊落"，"光明磊落就是一个

带你走进博物馆

老 舍 纪 念 馆

人能把旧礼教中那些舍己从人的地方用在一切行动上。而且用得自然单纯，不为着什么利益与必期的效果"。从老舍对何容的评价中，我们也可以很清楚地看出老舍自己的价值观。

在《何容先生的戒烟》一文中，老舍描述了何容的两次戒烟。头一次，因为买到了极便宜的烟，一个铜板一支，何容认为有了这么便宜的烟就没有必要再戒烟了，结果烟一点起来，连蚊子、臭虫都被熏跑了，更别说人了，于是何容决定二次戒烟。第二次，又因为买来了同样省钱的烟斗与烟叶，使得戒烟再次失败。最后，何容还是抽上了香烟，他说"始作卷烟者，其无后乎！"在这里，我们又认识了一个风趣的何容，一个苦中作乐的何容。

带你走进博物馆

图68、1930年6月老舍与好友们在中南海合影
左起：王向辰、老舍、杨云竹、白涤洲、祁伯文、何容

文艺界的战友们

抗战期间，老舍结识了许多文艺界的朋友，他们团结在一起共同从事抗战文艺工作。1944年4月17日，重庆文化界邵力子、郭沫若、茅盾、冯雪峰等29人，发起举办了纪念老舍创作20周年茶会。北碚、成都、昆明等地的"文协"分会也举行了纪念会。友人们纷纷发表文章或贺词赞扬老舍为抗战文艺做出的贡献和他二十年来所取得的成就。

郭沫若1938年在武汉与老舍相识，后来两人都到了重庆共同为进步文化事业并肩作战。1941年郭沫若五十寿辰暨创作二十五周年纪念时，老舍写了《我所认识的沫若先生》和《参加郭沫若先生创作二十五年纪念会感

带你走进博物馆

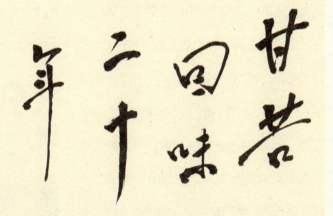

图69、臧克家的贺词

带你走进博物馆

图70、重庆文化界鲁迅逝世九周年纪念大会主席团成员合影

左起：叶圣陶、冯雪峰、老舍、周恩来、冯玉祥、郭沫若、邵力子、柳亚子、胡风

言》等文章，称赞他在文艺方面所取得的成就和天真热忱的性格。1944年郭沫若又发起了纪念老舍创作二十年的活动，并作五言古诗《民国三十三年春奉贺舍予兄创作二十周年》和新诗《文章入冠——祝老舍先生创作生活二十周年》各一首，高度评价了老舍的为人和文学成就。郭沫若在诗中写到："二十年文章入冠，我们献给你一项月桂之冠。枪杆的战争行将结束，扫除法西斯细菌须赖笔杆。敬祝你努力加餐，净化人寰。"新中国成

立后，他们又一起担任文化战线的领导工作，私人交往也颇为亲密。

茅盾于1934年与老舍相识，抗战时期共同发起筹备成立了中华全国文艺界抗敌协会，为发展抗战文艺事业奋斗。在纪念老舍创作二十周年的活动中，他撰写了《光辉工作二十年的老舍先生》，热情肯定了老舍公而忘私的精神。他在文章中写道："如果没有老舍先生的任劳任怨，这一件大事——抗战的文艺家的大团结，恐怕不能那样顺利迅速地完成，而且恐怕也不能艰难困苦地支撑到

图71、与茅盾、于立群合影

今天了。这不是我个人的私言，也是文艺界同人的公论。"

老舍和巴金、曹禺、冰心、臧克家等人也有着深厚的友情，他们在战争年代共同致力于进步文艺事业，新中国成立后又为社会主义建设一齐努力。巴金在文革后写下了《怀念老舍同志》一文，表达了对老舍的哀思和崇高的敬意。曹禺在抗战时期的重庆与老舍相识，成为好友。1946年，他们二人共同接受美国国务院的邀请到美国访问和讲学。建国后，两人又一起担任文联和作协的工作，老舍与由曹禺领导的北京人民艺术剧院紧密合作，建立了良好的关系。曹禺在老舍逝世后写下了《怀念老舍先生》等多篇文章，回顾了他几十年来与老舍的友情，热情称赞了老舍的爱国主义精神和正直无私的品格。冰心和老舍于1930年在北京结识，1940年到重庆后老舍还常常到冰心家去作客，他们时常书

信来往，冰心称老舍是她"最佩服的作家"。冰心曾写过《老舍和孩子们》等文，回忆她与老舍的交往，赞扬老舍热爱生活的优秀品格。臧克家与老舍于1935年在山东相识，抗战时期和解放后常在一起共事，相识三十多年间一直保持着很好的友谊。他曾说："我和老舍相识，相交，至死不渝。"他还写下了《老舍永在》等文章回忆和悼念老舍。

图72、与曹禺在耶鲁大学合影

带你走进博物馆

老舍夫妇与画家朋友

老舍爱画，从年轻时就喜欢收藏画。老舍到武汉以后，和画家们的来往日渐频繁。解放初期，因为美术作品市场的不复存在，从前靠卖画为生的老画家们生活处境都非常窘迫。他们知道老舍爱画，便时常带着作品登门讨教，老舍也不让他们失望，每次总要挑上一两张并且当面付钱。一来二去，老画家们成了老舍家中的常客。对那些不好意思登门求助的人，老舍还在逢年过节时让夫人去探望，还送些钱给他们。可这样总不是办法，老舍思来想去，认为要解决这个问题，就应该扩大国画的销路。在老舍的

带你走进博物馆

图73、《蛙声十里出山泉》

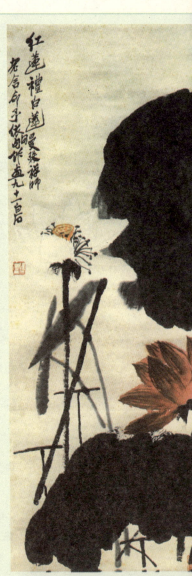

图74、《红莲礼白莲》

建议和帮助下，开辟了中国画门市部，还成立了中国画研究会，把老画家们聚集在一起，共同切磋绘画技艺。在这个基础上，老舍还找到周恩来总理，向他建议成立画院，把画家们都吸纳进来，为他们创造优厚的条件，鼓励他们创作，以保护中国画的优良传统。1957年，北京中国画院成立，为新中国文艺事业的发展注入了新的活力。

老舍和不少当代的大画家都是好朋友，像徐悲鸿、齐白石、于非闇、李可染、傅抱石、林风眠等，老舍收藏有许多他们的画作，并在客厅的西墙上轮换着展出这些珍贵的画。这些人中，老舍夫妇和齐白石老人的关系是最值得一提的。

老舍最喜欢齐白石的画，从20世纪30年代时起，就时常向他求画。老舍最早收藏的一幅国画，就是1933年向白石老人求得的《雏鸡图》。老舍夫人胡絜青在抗战时期也曾

图75、在齐白石93岁寿辰庆祝会上致辞

向白石老人求教，四十年代初她获得了白石老人的一幅《虾蟹图》。1943年北平沦陷后，胡絜青带着三个孩子逃出了北平，把这两幅画卷在了铺盖当中带到了重庆。老舍把这两幅画挂在了北碚的书房里，在朋友们中间传开来，大家还误以为老舍得了不少齐白石的

画，发了大财，成为了笑谈。新中国成立后，老舍夫妇与齐白石老人的交往更加密切，1951年胡絜青正式拜齐白石为师。他们常常在一起交谈作画，老舍常常出一些诗句为题，请白石老人作画，老人创作出了《蛙声十里出山泉》、《凄迷灯火更宜秋》、《手摘红樱拜美人》、《红莲礼白莲》等杰作。《蛙声十里出山泉》还被人们公认为白石老人最优秀的作品之一，印成了邮票，广为流传。白石老人作画非常严肃认真。有一次，老人在依老舍命题画《芭蕉叶卷抱秋花》时，不记得芭蕉叶新拔时是向右卷还是向左卷，北京又没有多少芭蕉可供观察，

于是老人只好笑着说："只好不要卷叶了，不能随便画呀！"可见老人在艺术创作上严谨的态度。1953年1月，在全国美术工作者协会和中央美术学院联合举办的齐白石93岁寿辰庆祝会上，老舍致辞，胡絜青作为白石老人的学生代致答词。1957年齐白石去逝后，老舍在《白石夫子千古》一文中高度概括和赞扬了齐白石的艺术成就。

图76、胡絜青代齐白石致答词

吴祖光与新凤霞的介绍人

著名现代剧作家吴祖光和评剧表演艺术家新凤霞，是经老舍介绍、主婚于1951年结为伉俪的。老舍和他们夫妇二人有着多年的交往和深厚的感情。吴祖光称老舍是他的老师，老舍在美国期间他们就常书信往来。他们一同参加过中国人民赴朝鲜战场慰问团，一起到基层连队体验过生活。1957年，吴祖光被划为右派后，老舍给予了新凤霞真诚的关怀，鼓励她相信光明的前途。老舍还替吴祖光从书画店把齐白石赠送给他的名画

《玉兰图》赎回，这件事传为文坛的佳话。"文革"中，新凤霞受到迫害致残，丧失了演出能力，老舍帮助和鼓励她致力于写作。老舍去世后，吴祖光曾发表《金子做的心》等文章，新凤霞在回忆录中也写了《怀念老舍先生》等文章，他们在文章中表达了对老舍的怀念与崇敬之情。1985年中国老舍研究会成立，吴祖光担任了首任会长。

图77、在签名会上，老舍身后左起：田汉、张瑞芳、吴祖光、新凤霞、王昆

带你走进博物馆

童心不泯

老舍喜欢孩子，或许是因为战乱的年代使他不能有一个欢乐的童年，或许是因为动荡的岁月使他不能陪伴着儿女们成长。他非常关心孩子们的成长，关心对儿童的教育。每到六一，老舍总会写文章来庆祝节日。他还为孩子们写童话剧，像《宝船》、《青蛙骑手》等都是他专门为孩子们创作的，《小坡的生日》、《牛天赐传》等许多作品中的主人公，也都是孩子。

老舍不仅和成年人交朋友，还和孩子们交朋友。有一次，老舍到冰心家中作客，冰心忙着端茶倒水招待客人，从别的房间走出来时，发现老舍不见了。原来，

老舍正在帮她的儿子钻到桌子底下找玩具呢！老舍把玩具狗熊找到以后，儿子高兴得跳起来，抱着老舍的脖子使劲亲了一下。从此，老舍便成了冰心家中最受欢迎的客人。老舍还常常和冰心的孩子们通信，孩子们每次收到老舍伯伯的来信总是高兴不已。

复旦大学马宗融教授有一个女儿长得又矮又胖，老舍称她为"横姑娘"，她和老舍也是好朋友。由于她学习很吃力，老舍常常编"横姑娘"的故事讲给她听。故事里的"横姑娘"不怕困难，持之以恒，终于度过难关。真的"横姑娘"听完以后，明白舒伯伯是在鼓励她，便决心好好念书。"横姑娘"的名字叫马小弥，《四世同堂》后十三节就是由她从英文节译本转译的。

热爱生活情趣广

带你走进博物馆

出生在满族家庭的老舍，兴趣爱好十分广泛。唱戏、打拳、养花、养猫，既丰富了生活，又有助于身体健康。

打拳习武

老舍年轻时因为那场大病差点要了命，病好后就开始锻炼身体，学习过太极和剑术，由于四处奔波，时常间断，有的后来就遗忘了。1933年夏初，老舍由于长期伏案工作，患了背痛之症。因为医治无效，他便决心加强锻炼，经朋友引荐求教于济南拳师马子元，拜他为师，跟他学习武术。经过锻炼和治疗，老舍的背痛之症果然见好，从此，他便把这种锻炼坚持了下来。老舍初习太极拳，以活动腰腿。后来，又学习步伐拳术，义潭腿、查拳、洪拳、六路短拳等都有练习，还练习过枪剑与对击。老舍在济南与青岛的家中都备有刀、枪、剑、棒等武术器械。老舍每天早起练习拳术，到体热出汗为止，既增进食欲，又强身健体，还能保持精力旺盛。后来，因为患坐骨神经的病，老舍不得不终止了打拳，改为练习静功。

通过和拳师们的交往，老舍知道了许多习武之人的传奇故事。他还根据这些素材写了短篇小说《断魂枪》，在美国时还把它改编成了话剧《五虎断魂枪》。

图78、丁聪作漫画《老舍练拳》

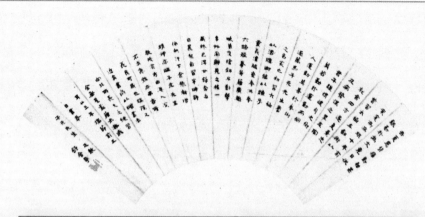

图 79、1934 年题赠马子元的扇面

京戏迷

老舍自小喜欢京剧。他非常关注京剧艺术的发展和传承，对京剧和昆曲有很深的见解。他和京剧界的许多表演艺术家，像梅兰芳、马连良等人，都是朋友，对他们在京剧艺术上取得的成就极为敬佩。

老舍学习京剧是在担任劝学员的职务时，因为薪水丰厚且工作轻闲，常常去看戏。看戏有了瘾，还和友人一起学戏，时常也会唱几嗓子。同窗好友罗常培和老舍就是最好的戏友，他们在一起学习和研究戏曲文化，有时还在一起学唱。20 年代初，老舍曾在罗常培担任代理校长的北京一中任教，教授的是国文和音乐等课程，老舍在音乐课上就曾把昆曲当作教材，在国文课上竟然还唱过戏，用戏曲当中的情节来讲解文章。有一次，老舍讲诸葛亮的《出师表》，在谈到《失街亭》里的诸葛亮时，老舍称赞他心胸开阔，勇于承认自己的错误，就学起著名京剧表演艺术家谭鑫培的念白"悔不听先帝之言，错用马谡，乃亮之罪也！"学生们听得津津有味。在山东时，老舍会唱戏也是出了名的。有一次，青岛山东大学中文系的师生举行聚餐晚会，老舍为大家清唱了一段昆曲《林冲夜奔》，赢得了师生们的喝彩。抗战时期，文化界人士常常聚集在一起共商国是，老舍的京剧演唱也是每次宴会上最受欢迎的节目。在一次聚会上，老舍表演了《吊金龟》，有人评价他的演唱颇有京剧大师龚云甫的韵味。建国后，老舍在一些重大的节日和联欢会上也常常为大家表演京剧。

图80、1958年8月2日在茶会上演唱《吊金龟》

养花

老舍爱花，也很爱养花。这是老舍从母亲身上继承下来的最好的北京人的爱好。幼年时，家中父亲留下来的石榴和夹竹桃在母亲的精心照顾下枝繁叶茂，儿时的老舍对给这些花木浇水特别上心。长大后，老舍无论身在何方，总不会离开花，他的书桌上总摆放着一瓶花。1938年7月，老舍在赠给冯玉祥秘书于志恭的字幅中曾写道："笔在手，烟在口，纸柔墨润，案头若能再有香花一二朵，是创作妙境"。在丹柿小院居住的十几年间，老舍养了许多花。小院内花开四季，香气宜人。春天有太平花、荷包牡丹；夏天有月季、荷花，昙花开时还要请朋友们过来一同赏花；秋天更是有上百盆、几十种菊花在院中吐蕊；冬天屋里也满是水仙和银星海棠。

老舍把养花当成一种乐趣，更是一种休闲、锻炼的好方法。写作写累了就来院中浇水、收拾花草。夏天大雨将至时，全家都动员起来往屋里搬花，雨过天晴又要全部再搬出院中。每到花儿分了根，就把新分出来的

图81、1963年初春在写作休息时收拾盆花

带你走进博物馆

花赠送给朋友们，心里十分欢快。有一次，夏天下了暴雨，邻家的墙倒了，被砸死的菊秧有三十多种、一百多株，老舍伤心了好些天。老舍把花当成宝贝，既然是宝贝，当成礼物送给朋友们就再好不过了。每到秋天院里的柿子熟了，会挨门挨户地送给朋友，这是老

北京的一种风俗，叫"送树熟儿"。朋友来家中作客，如果夸讲哪盆花长得好，老舍便非常高兴，过几天还会抱着两盆给送上门去。

"有喜有忧，有笑有泪，有花有实，有香有色，既须劳动，又长见识，这就是养花的乐趣。"（《养花》）

图82、叶浅予速写《老舍在花丛中》

小动物

　　除了喜欢花，老舍还特别喜欢小动物。他了解许多种鸟类，尤其熟悉鸽子，夏天还会在院中的缸里养上几条金鱼。凡是一切有生命的东西都能唤起爱，老舍就是这样一个热爱生命、热爱生活的人。

　　老舍开始讨厌母鸡，因为它的叫声实在让人心烦。可是当老舍看到孵育小雏鸡的母鸡后，就再也不讨厌母鸡了。因为母鸡是那样爱护自己的小鸡，吃的留给小鸡，还要保护着他们不受伤害，教给他们怎么啄食、掘地，把他们放在自己的翅下、胸下给他们温暖。"它负责，慈爱，勇敢，辛苦，因为它有了一群鸡雏。它伟大，因为它是鸡母亲。一个母亲必定就是一位英雄！"（《母鸡》）

　　雨后受了伤的小麻雀来到了老舍的院中，不幸它被猫捕捉，结果伤势更为严重。老舍救了它，看着它为了生存与猫进行抗争，看着它在获救后特别的眼神，老舍感受到了生命的可贵。老舍把小麻雀捧在手中，像是捧着世界上一切的生命，竟不知所措。

图83、抱着猫在客厅休息

老舍的家中总少不了猫的影子，老舍养过好几只猫。小猫高兴时便会不停地叫着，跳来跳去和主人亲近，还会跳到桌上在老舍的稿子上踩印几朵小梅花印；小猫若是不高兴，便一声不吭地不理人了。猫的淘气、可爱，在老舍的笔下被描写得活灵活现。老舍在济南时养的猫叫"小球"。在1934年的《个人计划》中老舍列了一条是为"舍猫小球"在来年定婚。在《老舍幽默诗文集》的《序》中老舍又说："舍猫小球昨与情郎同逃，糊涂人有糊涂猫，合并声明。"不过，据说小球并不是私奔而逃，而是不幸落井溺水而亡，家人因不敢直言，才编了个谎话说给老舍的，结果这个善意的谎话竟然进了文章千古流传了。

这些可爱的小生命出现在老舍的笔下，带给了我们无限的欢乐，把对生命的热爱和对美好生活的向往传达给了我们。

玩骨牌

在担任劝学员的时候，老舍学会了打麻将，不过纯粹是为了娱乐，并不在乎输赢，从不费心算计，输多赢少。一坐在牌桌上，就只是吃烟喝茶，顾不上冷热饥饱，一宿下来，比害场病的损失还要大。尽管如此，还是架不住有人张罗，一有人叫打牌，便不由自主地坐下了。那场大病，使老舍下决心把麻将戒掉了。不过，老舍还是会玩牌，或是纸牌，或是骨牌，这回改成了一个人玩，只把它当作一种写作间的休息。在纸牌和骨牌中，骨牌玩得又多些。

老舍有一副骨牌，走到哪儿带到哪儿，从30年代初，从济南、青岛，到武汉、重庆，再到美国，最后又回到北京，几十年没有离开过他的身边。骨牌常放在床上，写作累了，老舍就自己坐在床边玩一会儿。眼睛看着牌，心思却还在写作上，一边想一边玩儿，等想好了就放下牌回到桌旁接着写。骨牌玩法很多，老舍最常玩的是"算命"。需要计算，老舍就随手在稿纸上、书刊的封底上演算，所以在老舍手稿和书籍中常常能看到许多算式，这些都是玩骨牌留下的痕迹。这副牌陪伴着老舍经历了八方风雨，帮助他构思出了像《骆驼祥子》、《四世同堂》、《龙须沟》、《茶馆》等著名的作品。

带你走进博物馆

太平湖葬爱国心

图84、抗战时期的老舍

老舍一生爱国，不论身在何方，始终心系着祖国和人民。在社会动荡黑暗之时，老舍关心着下层人民的疾苦，用自己的笔来控诉吃人的社会；在民族危亡之时，老舍挺身而战，不顾妻子儿女，更抛弃个人的荣辱得失，用自己的笔来呐喊、救国；新中国成立之初，老舍怀着赤子之心辗转回国，他用满腔的热情投入到祖国的建设中，歌颂着新中国翻天覆地的变化；"文革"浩劫开始后，老舍坚持正义，不畏强权，最终以死为谏……

舍家为抗战

1937年11月，济南即将沦陷。在民族危亡的关头，老舍告别了妻子儿女，挤上了南去的最后一趟火车。11月18日，老舍抵达汉口，参加到了抗日救亡的行列之中。

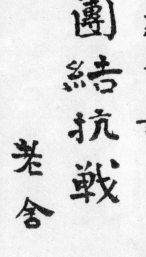

图85、为《新华日报》题字

团结抗战　老舍

新华日报三周年纪念

带你走进博物馆

带你走进博物馆

老舍先生到武汉，提只提箱赴国难；

妻子儿女全不顾，蹈汤赴火为抗战！

老舍先生不顾家，提个小箱子撑中华；

满腔热血有如此，全民团结笔生花！

——冯玉祥

图86、1945年冬全家在北碚合影

在抗战期间，老舍为了抗战和妻子儿女两地分居。老舍离开济南后，夫人胡絜青带着三个年幼的孩子继续居留在济南。1938年夏天，母女四人又返回北平。胡絜青在北平师范大学附属女子中学任国文教员，抚养子女，照顾年迈的婆母。沦陷后的北平，生活非常艰苦，老舍在写给朋友的信中多次提到对妻子儿女的担心。老舍还牵挂着自己的老母亲，每次收到家书，他总是不敢打开，生怕里面有不好的消息。1942年12月26日，老舍接到家书，他不敢拆读，直到睡觉前才将信拆开，母亲已经去世一年了！1943年11月，胡絜青带着三个孩子经过50多天的行程到达重庆北碚，一家人才得以团聚。老舍舍弃了家庭的团聚，连母亲过世时都没能在身边尽孝，他把自己的全部精力都投入到了抗日救国的事业之中，这种大公无私的爱国主义精神令我们感动和敬佩！

回到新中国

1949年新中国成立前夕，在第一次全国文代会上，冯乃超、夏衍、曹禺、阳翰笙等人受周恩来的嘱托，联名给老舍写信，邀请他回国。老舍接到信时，因坐骨神经痛刚做过手术，身体尚未痊愈，但他不顾病痛，迫不及待地离开了纽约前往旧金山，准备回国。老舍听到了新中国成立的消息，内心激

图87、1950年1月4日报纸上刊载的新闻

老舍紀念館

带你走进博物馆

图88、蒋兆和绘老舍像（1950年）
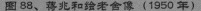

动不已，离开祖国近四年的他早已按捺不住思乡之情，盼望着早一天返回祖国，早一天为新中国的建设贡献自己的力量。10月13日，老舍由旧金山登上轮船，跨过了太平洋，经日本、菲律宾于11月4日到达香港。老舍因为等待船票在香港短暂停留，后又乘船抵

达天津。前后经过近两个月的颠簸，12月9日晚，老舍终于踏上了熟悉的故土，"海河中有许多冰块，空中落着雪。离开华北已是十四年，忽然看到冰雪，与河岸上的黄土地，我的泪就不能不在眼中转了"（《由三藩市到天津》）。看到了故乡北京和祖国发生的变化，老舍一次次在文章中发出感叹，他热情歌颂着新中国，赞美着新生活，全身心投入到了自己的工作中。

走向太平湖

1966年文化大革命爆发。8月23日，老舍刚刚出院不久，身体还未恢复健康，但他仍坚持到北京市文联参加了运动。不幸的是，老舍和其他作家、艺术家一起受到了批斗，一生刚毅正直的老舍遭受了污辱和毒打。面对这场浩劫，坚持正义的老舍毅然选择了死亡。8月

24日早晨，老舍离开了家人，独自走向了太平湖……

1978年6月3日，老舍先生骨灰安放仪式在八宝山革命公墓隆重举行。邓

图89、90、老舍先生骨灰安放仪式大会

带你走进博物馆

图91、老舍骨灰盒

老舍 生于1899年2月3日 死于1966年8月24日

胡絜青 生于1905年12月23日 卒于2001年5月21日

文艺界尽责的小卒,睡在这里。

图92、老舍与胡絜青墓

颖超、廖承志、彭真、茅盾等党和国家领导人以及社会各界人士700多人出席了仪式,茅盾致悼词。2005年8月23日,老舍与胡絜青墓在八宝山革命公墓落成,老舍夫妇合葬于此,墓壁上刻着"文艺界尽责的小卒,睡在这里",实现了老舍在抗战时期许下的心愿。

老舍先生走了,但他始终没有远离

带你走进博物馆

图93、《老舍全集》

过我们。

　　老舍先生去世以后，他的作品在世界各国不断被编辑出版，《老舍全集》以及各种文集、选集和单行本，不计其数，老舍这个名字被越来越多的人所熟知。许多作品还先后被改编成了电影、电视剧、话剧、京剧、曲剧、评剧等，老舍作品和他笔下众多生动的人物形象长久活跃在了艺术舞台上。

多年来，国内外的专家学者对老舍及其作品进行了深入的研究，取得了丰硕的成果。1982年，首届全国老舍学术研讨会召开； 1984年3月，日本老舍研究会成立，柴垣芳太郎担任首任会长；1985年7月，中国老舍研究会成立，吴祖光担任首任会长；1986年8月，北京老舍研究会成立，曹禺担任首任会长；1992年，首届国际老舍学术讨论会召

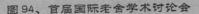

图94、首届国际老舍学术讨论会

带你走进博物馆

开……对老舍和老舍作品的纪念和研究一直都是热点。

　　老舍在各地的故居也被保留了下来，济南、青岛、重庆等地的老舍故居都被挂牌保护。2003年11月25日，英国遗产委员会把老舍在伦敦圣詹姆斯花园31号的故居列为"英国遗产"，挂牌保护了起来，这也是中国作家在英国的故居中第一个被挂牌保护的。

　　1999年2月1日，老舍纪念馆建成开放。

图95、英国老舍故居

带你走进博物馆

开馆以来，纪念馆举办了大量的展览和活动，纪念着老舍先生，以不同的主题和形式把老舍和他的作品介绍给了更多的人。纪念馆还不断同世界各国翻译和研究老舍的专家学者取得联系，聘请他们担任荣誉馆员，共同致力于纪念馆的保护与发展，努力为老舍研究构建更广阔的平台。

人们不曾忘记老舍，他的精神和作品感动了一代又一代人，老舍先生将永远活在我们的心中。老舍，用他的作品绽放了思想的光芒，又用他的死捍卫了生命的尊严。作为中国文化的一个标志和一座丰碑，老舍向人类贡献了伟大的精神财富，为我们留下了丰富的文化资源……

图96、"英国遗产"牌

图97～100、老舍纪念馆历年来举办的各种展览和纪念活动

责任印制：张道奇

责任编辑：许海意

图书在版编目(CIP)数据

老舍纪念馆/老舍纪念馆编. −北京：文物出版社，2007.1
（带你走进博物馆）
ISBN 978−7−5010−2066−9

Ⅰ.老...　　Ⅱ.老...　　Ⅲ.①老舍（1899~1966）−生平事迹
②老舍（1899~1966）−纪念馆−简介　Ⅳ.K825.6

中国版本图书馆 CIP 数据核字（2006）第 143377 号

老 舍 纪 念 馆

老 舍 纪 念 馆 编著
王红英　　郝亚钟

文物出版社出版发行
（北京东直门内北小街2号楼）
http://www.wenwu.com
E−mail:web@wenwu.com
北京文博利奥印刷有限公司制版
文物出版社印刷厂印刷
新华书店经销
880 × 1230　1/24　印张：4.5
2007年1月第1版　2007年1月第1次印刷
ISBN 978−7−5010−2066−9　　定价：18元